in

Bad Nauheim

leben ist wahrnehmen

Sonja Schmitz
Projektleitung

42
EDITION
ERNEUERUNG GEISTIGER WERTE

Ein Projekt an der

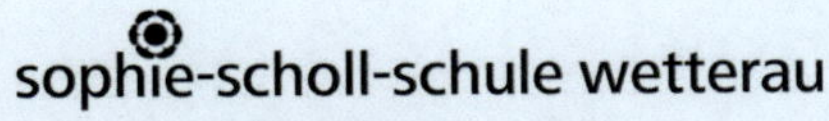

Dr.-Ing.-Hans-Joachim-Lenz-Stiftung

ISBN 978-3-938088-45-6
1. Auflage Juni 2016

Bibliographische Information der Deutschen Bibliothek:
Die Deutsche Bibliothek verzeichnet die Publikation in der Deutschen Nationalbibliothek; detaillierte Daten sind im Internet über http://dnb.ddb.de abrufbar.

Graphische Gestaltung: Hans-Jürgen Wiehr

Bildnachweise:
Titelmotiv: Fotolia
P. Cèzanne: Bridgeman Images, Berlin
P. Renoir: Artothek, Weilheim
M. Liebermann: Artothek, Weilheim
G. Klimt: akg images, Berlin
F. Marc: akg images, Berlin

Herstellung: BoD - Books on Demand, Norderstedt
Printed in Germany

Inhalt

Vorwort der Stiftung

Vom ersten Lebensjahr an entdecken Kinder die Welt und ihre eigenen Fähigkeiten. Die Erwachsenen jedoch meinen, Kinder belehren zu müssen, woraus die Welt besteht und wie man mit ihr zurechtkommt. Belehrt werden von so klugen Erwachsenen ist aber für Kinder eines der schlimmsten Dinge in der Welt.

Somit wird nicht der Lehrende, der erwachsene Mensch durch die Stiftung gefördert, sondern die Kinder, die mit der Förderung auf eine Reise geschickt werden, die Welt und sich selbst zu entdecken.

Die Reaktionen der Kinder, die Fortschritte in ihrer Entwicklung und auch die Aussagen von Eltern bestätigen der Stiftung, dass das Projekt *Das wache Auge* einen kleinen, aber sehr wirksamen Beitrag zur Bildung und Kultur der jungen Menschen liefert.

Hans-Joachim Lenz

Stifter und Vorstand

Dr.-Ing.-Hans-Joachim-Lenz-Stiftung
Stiftung zur Erneuerung geistiger Werte

Worte der Schulleitung

sophie-scholl-schule wetterau

Inklusive Grundschule in freier Trägerschaft

Neugierig und mit allen Sinnen entdecken Kinder die Welt, wollen forschen, wissen, lernen und sich anderen mitteilen. Sie müssen sich dabei zurechtfinden in einer Lebensumwelt, die sie immer schnelleren Reizen und immer vielfältigeren Eindrücken aussetzt. Umso wichtiger wird das Innehalten. Es gilt, genau hinzuschauen und Details wahrzunehmen, sich in eine Sache zu vertiefen und aufmerksam nach innen zu lauschen, um den Blick für das Wesentliche öffnen zu können.

Das Projekt *Das wache Auge* setzt dies in ganz besonderer Weise um und lässt die Kinder in eine – ihre Fantasie und Kreativität weckende – Welt der Gemälde eintauchen. Der Dr.-Ing.-Hans-Joachim-Lenz-Stiftung sei für die Idee und Finanzierung dieses wunderbaren Projektes gedankt. Im Namen des Schulteams und der Kinder der Sophie-Scholl-Schule Wetterau danke ich Frau Schmitz für ihr Engagement und die liebevolle Art, mit der sie unsere Kinder begeisterte.

Ute König
Kommissarische Schulleiterin

Einführung und Dank

Sich fünf Kunstwerke bedeutender Maler in Ruhe und mit Genuss betrachten zu dürfen, bezaubert das Auge und regt es zur Wahrnehmung an. Diese Aussage bekräftigten die zehn Kinder der Sophie-Scholl-Schule Wetterau durch ihre unvoreingenommene Begeisterung, mit der sie sich auf die Gemälde eingelassen haben. Mit äußerst „wachem" Auge betrachteten die Kinder die Bilder. Sie erkannten unterschiedliche Motive, hoben Farb- und Formenreichtum hervor, bemerkten unterschiedliche Maltechniken und stellten eigene Vermutungen über den jeweiligen Maler, seine Farbwahl und einzelne Bildgegenstände an. Für ihre Beobachtungen fanden sie passende Worte und hielten sie entweder handschriftlich fest oder diktierten sie einem Elternteil.

Die Vielfalt der Ding regte die Kinder an, verstärkt auf die mannigfaltigen Formen und Farben in ihrer Umgebung zu achten. Jedes Meisterstück, welches die Kinder während der Projekttreffen oder auch zu Hause fertigten, bewahrheitete, dass der ausgeprägte Schönheitssinn, den die renommierten Maler in ihren Werken zum Ausdruck bringen, auch in den Kindern lebendig ist. Bereitwillig, unermüdlich, wissensdurstig und einfallsreich nahmen sie jedes Experiment in Angriff und forderten sogar zusätzliche Aufgaben ein. Es bereitete ihnen Lust und Freude, genau hinzuschauen, zu beobachten, wahrzunehmen und ihre Empfindungen zu artikulieren. Die Kinder erlebten, wie beglückend und bereichernd es ist, „wachen" Auges durch die Welt zu gehen.

Besonders danke ich der Dr.-Ing.-Hans-Joachim-Lenz-Stiftung, die *Das wache Auge* initiiert, finanziert und ideell gefördert hat. Ebenso danke ich der kommissarischen Schulleiterin Frau Ute König, der Erzieherin Frau Alice Link und den Damen des Schulsekretariates für ihre Unterstützung während des gesamten Projektverlaufs. Mein herzlicher Dank gilt den Kindern, die sich mit großer Offenheit und Begeisterung auf die Reise in die Welt des Wahrnehmbaren begeben haben. Auch den Eltern sei aufrichtig gedankt für ihre ausführlichen Berichte während und nach Abschluss des Projektes. Meinen Kindern danke ich für ihre zahlreichen Ideen, die sie für die Gestaltung der Projekttreffen eingebracht haben, und meinem Mann gebührt Dank für seine wertvollen Anregungen in allen Phasen des Projektverlaufs.

Sonja Schmitz
Projektleiterin

1 Die Idee

Wir Menschen besitzen eine Fähigkeit von unschätzbarem Wert: wir können das Leben in all seiner Fülle wahrnehmen. Mit allen Sinnen ausgestattet, riechen, schmecken, fühlen, hören und sehen wir. Das Auge ist dabei unser „Fenster in die Welt". Öffnen wir es, sehen wir in der Kürze eines Augenblicks, wie hell oder dunkel es ist, welche Farbe etwas hat und wie es geformt ist, wie weit es vom Auge entfernt ist und ob es sich bewegt oder nicht. Wir entscheiden, worauf und wie lange wir auf etwas blicken wollen, um es entweder nur oberflächlich oder in seiner Gesamtheit aufzunehmen.

Die Vielschichtigkeit dessen, was wir über das Auge wahrnehmen können, findet ihren Ausdruck in der Vielzahl der Worte, die unsere Sprache für das „Sehen" bereithält. Wir können ein Bild in aller Ruhe betrachten, kurz auf die Uhr schauen, die Nachbarn kritisch beäugen, den Ober dankend anblicken, nach den ersten Frühlingsblumen Ausschau halten oder unseren Blick liebevoll über ein schlafendes Kind gleiten lassen. Oftmals löst das, was wir sehen, eine Empfindung in uns aus. Ein selbst gesäter und jetzt in frischem Grün sprießender Pflanzentrieb erfüllt den Gärtner mit Stolz, ein farbenfroh blühendes Blumenmeer entzückt den Kurparkbesucher, ein prachtvoller Sonnenuntergang lässt das am Meeresstrand sitzende Liebespaar wohlig erschauern. Das Angeschaute beglückt uns, berührt uns tief im Innern, bringt eine Saite in uns zum Klingen, erinnert uns an längst vergessen Geglaubtes, lässt uns etwas erkennen oder in seiner Ganzheit begreifen.

Kleine Kinder stehen der Vielfalt der Welt noch staunend gegenüber. Sie vermögen, sich stundenlang mit ein- und demselben Gegenstand zu beschäftigen. Sie ertasten und betrachten ihn von allen Seiten, riechen an ihm, nehmen ihn in den Mund und schütteln ihn, um ihm ein Geräusch zu entlocken. Die Freude, Bereicherung und das Glück, die sie in der Auseinandersetzung mit diesem Gegenstand erfahren, ist ihnen an den leuchtenden Augen abzulesen.

Je älter die Kinder werden, desto weniger Zeit verbleibt ihnen, sich ausgiebig einer Beschäftigung zu widmen und sich von den damit einhergehenden Sinneseindrücken faszinieren zu lassen. Mag es im Kindergarten und zu Beginn der Schulzeit noch ausreichend Freiraum für sinnliche Erfahrungen geben, so wird der Lebensrhythmus der Kinder mit steigendem Alter dem Lebensrhythmus der Erwachsenen zunehmend angepasst. Wir leben in einer auf Leistung und technischen Vorschritt ausgerichteten Zeit, die uns zahlreiche Annehmlichkeiten offeriert, dabei aber blitzschnelle Reaktionen abfordert. Die Woche wird minutiös geplant, neben beruflichen und schulischen Anforderungen gilt es, die zahlreichen Freizeitaktivitäten zu integrieren. Miteinander gesprochen wird größtenteils über Smartphones und Internet, was einen schnellen Informationsaustausch ermöglicht, aber auch entsprechend Zeit bindet. Wir eilen durch den Alltag, um unser Tagessoll zu erfüllen. Da bleibt kaum ein Augenblick, innezuhalten und sich der Vielfalt, die uns umgibt, achtsam zuzuwenden. Auch unsere Augen treiben wir zum schnellen Sehen an. Unter anderem erfassen wir flink die Informationen, die uns in Form von Schrift, Daten, Symbolen und Bildern auf einem Computerbildschirm angezeigt werden. In diesem „Schnell-Seh-Modus“ verhaftet, sehen wir während eines Tages unglaublich viel, aber kaum einmal genau hin und auch über einiges hinweg. Wir erlauben den Augen nicht, bei einer Feinheit zu verweilen oder unseren Blick endlos in die Ferne schweifen zu lassen. Unsere ehemals „wachen“ Augen werden müde und schlafen ein.

Hier setzt das Projekt *Das wache Auge* an. Es will Kindern die ihnen innewohnende Freude an der Wahrnehmung lebendig halten. Dabei bilden fünf Werke berühmter Maler das Herzstück des Projektes. Ein Maler hat sich die Fähigkeit bewahrt, mit kindlichem Frohsinn und unerschöpflicher Begeisterung das Leben um ihn herum in all seinen Facetten wahrzunehmen. Befindet er sich auf der Suche nach einem neuen Motiv, ist sein Auge hellwach und genussfreudig. Um ein Gemälde entstehen zu lassen, muss der Maler sich vorab eingehend mit seinem Motiv auseinandersetzen. Er hält inne, versenkt sich in dessen Anblick, prägt sich jedes noch so unwichtig erscheinende Detail ein, studiert es von allen Seiten und nimmt die Farben und Formen in sich auf. Ein Maler bedient sich seiner Wahrnehmungsfähigkeit in exzellenter Weise, noch bevor der erste Pinselstrich getan ist. Paul Cézanne selbst beschreibt in seinem Buch *Gespräche mit Cézanne* diesen Prozess des Sehens: *„Das ganze Wollen des Malers muss schweigen. Er soll in sich verstummen lassen alle Stimmen der Voreingenommenheit. Vergessen! Vergessen! Stille schaffen! Ein vollkommenes Echo sein. […] Die Landschaft spiegelt sich, vermenschlicht sich, denkt sich in mir. […] Ich steige mit ihr zu den Wurzeln der Welt. Wir keimen. Eine zärtliche Erregung ergreift mich und aus den Wurzeln dieser Erregung steigt dann der Saft, die Farbe. Ich bin der wirklichen Welt geboren. Ich sehe!“*

Gehören die für das Projekt ausgewählten Gemälde auch unterschiedlichen Stilepochen an, so eint sie, dass alle Motive harmonische Formen und ein virtuoses Farbenspiel aufweisen. Die Freude und die innere Erfüllung, die der jeweilige Maler in der andächtigen Auseinandersetzung mit seinem Motiv erfahren hat, spiegeln sich in jedem der Gemälde wider. Somit genügen alle ausgewählten Bilder höchsten ästhetischen Ansprüchen und eröffnen dem Betrachter einen Einblick in die Vielfalt des Lebens.

Die Aufgabenstellung des Projektes sieht vor, dass die Kinder diese fünf Gemälde zu Hause beschreiben. Nach eingehender Betrachtung der Bilder notieren die Kinder selbst oder diktieren ihren Eltern alles, was sie sehen und was sie persönlich dabei empfinden. Nicht nur zu schauen, sondern das, was wir erblicken und wahrnehmen, in gebührende Worte zu kleiden, ist eine Aufgabe, die uns alle vor eine Herausforderung stellt. Franz Marc - deutscher Maler und Grafiker - ist das in poetischer Weise gelungen: *„Ich sah das Bild, das in den Augen des Teichhuhns sich bricht, wenn es untertaucht. Die tausend Ringe, die jedes kleine Leben einfassen,* *das Blau der flüsternden Himmel, das der See trinkt, das verzückte Auftauchen an einem anderen Ort – erkennt, meine Freunde, was Bilder sind: das Auftauchen an einem anderen Ort."*

Wenn die Kinder ihren Blick auf ein Bild richten, erkennen sie sofort die jeweiligen Motive, Farben und Formen. Es drängt die Kinder, das, was sie sehen, mitzuteilen. Die äußeren Eindrücke lösen Empfindungen aus, die sie ebenfalls offenbaren wollen. Sie suchen nach Worten, um das Wahrgenommene und ihr inneres Erleben zufriedenstellend auszudrücken. In dem Moment, wo die Kinder die treffenden Worte finden, aussprechen oder aufschreiben, gewinnen sie an innerer Klarheit. Dieser Prozess des Erkennens und Formulierens lässt die Kinder reifen und fördert ihre Entwicklung.

2 Die Vorbereitung

2.1 Die Schule

Im Jahre 1846 wurde in der Bad Nauheimer Thermalsole natürlich vorkommende Kohlensäure – der *Große Sprudel* – entdeckt. Schnell entwickelte sich die Stadt zu einem international bekannten Kurort. Berühmte Persönlichkeiten aus aller Welt, darunter Otto von Bismarck, Franklin D. Roosevelt und Zar Nikolaus II, zählten zu den Tausenden von Besuchern. Den Ruf als renommierter Kurort hat sich Hessens zweitgrößte Stadt im Wetteraukreis bis heute bewahrt. Bad Nauheim verfügt über neun staatlich anerkannte Heilquellen, weitläufige Kuranlagen und angesehene Kurkliniken.

Die Sophie-Scholl-Schule Wetterau in Bad Nauheim ist eine inklusive Grundschule in freier Trägerschaft. Sie wurde im Jahre 2009 von der Lebenshilfe Wetterau nach dem Vorbild der Sophie-Scholl-Schule in Gießen gegründet. Beide Schulen haben sich zwei Jahre später in der Sophie-Scholl-Schulen gGmbH zusammengeschlossen. Sie wollen die Erinnerung an ihre Namensgeberin, die sich mit äußerster Standhaftigkeit gegen das damalig herrschende Regime auflehnte und der Widerstandsbewegung „Weiße Rose" angehörte, aufrecht erhalten. Sophie Scholls Leitsatz: *„Beweist durch die Tat, dass ihr anders denkt!"* wird entsprochen, indem im täglichen Schulleben gegenseitige Wertschätzung, Stärkung der eigenen Persönlichkeit und Sozialerziehung einen hohen Stellenwert haben.

Die reformpädagogisch orientierte Ganztagsschule in Bad Nauheim ist als jahrgangsgemischte Stufenschule organisiert. Die Schüler beginnen ihre vierjährige Grundschulzeit in der Schulstufe I, in der erster und zweiter Jahrgang gemeinsam unterrichtet werden. Nach zwei Jahren wechseln die Schüler in die Schulstufe II, in der dritter und vierter Jahrgang zusammengeschlossen sind. So machen die Schüler im Regelfall zweimal die Erfahrung, zu den Jüngeren zu gehören und von den Älteren vieles gezeigt und erklärt zu bekommen. Ebenso zählen sie zweimal zu den Älteren, die den Jüngeren ihre Kenntnisse vermitteln. Dabei sollen behinderte Kinder nicht nur in den Regelunterricht integriert, sondern so wie alle Kinder einer Lerngruppe individuell gefördert werden. In der Sophie-Scholl-Schule Wetterau werden zurzeit sechs Lerngruppen mit 20-22 Schülern unterrichtet, darunter befinden sich fünf behinderte Kinder. Pädagogisch betreut werden die Lerngruppen von insgesamt 14 Lehrkräften, sechs Erzieherinnen und Mitarbeitern, die ein Berufsbildendes Soziales Jahr absolvieren.

Schulbibliothek

Forscherwerkstatt

Im wöchentlichen Stundenplan wechseln sich Lesen, Schreiben und Rechnen mit Bewegung und Spiel ab. Die gut ausgestattete Schulbibliothek lädt zum Schmökern ein und in der Forscherwerkstatt können die Kinder experimentieren.

Jeden Montag findet ein Gesprächskreis mit allen Klassen statt, vorbereitet und moderiert von Schülern einer Lerngruppe. In den sogenannten „Sternstunden" erfolgt eine Förderung in kleinen Gruppen. Hier werden Unterrichtsinhalte vertieft, aber auch besonders leistungsstarke Kinder mit zusätzlichen Angeboten gefordert.

2.2 Die Gemälde

Grundlage für die Bildbeschreibungen der Kinder sind fünf Kunstwerke namhafter Maler aus unterschiedlichen Stilepochen:

Paul Cézanne (1839-1906): Stillleben mit Äpfeln

Weil der Erfolg trotz zahlreicher Ausstellungen ausbleibt, entwickelt Paul Cézanne zunehmend einen eigenen Stil. Das *Stillleben mit Äpfeln* ist eines der vielen Stillleben, die er zwischen den Jahren 1890 und 1900 malt. Auf einem Tisch arrangierte Gegenstände in unterschiedlichen Formen und Farben laden zum Betrachten ein.

Pierre-Auguste Renoir (1841-1919): Sonnenuntergang in Douarnenez

Der Impressionist ist ein leidenschaftlicher Freilichtmaler. Er malt mit lockeren kurzen Pinselstrichen, deutet die Konturen nur vage an und stellt die jeweiligen Lichtverhältnisse in den Vordergrund. Bei diesem Sonnenuntergang gilt es, die Stimmung, die Renoir einfängt, auf sich wirken zu lassen.

Max Liebermann (1847-1935): Münchner Biergarten

Der deutsche Maler und Grafiker gehört zu den bedeutendsten Vertretern des deutschen Impressionismus. Im Jahre 1880 stellt er erstmals Licht, das durch die Blätter eines Baumes fällt, punktuell dar. Diese Technik wird später als die „Liebermann'schen Sonnenflecken" bezeichnet. In diesem Biergarten gibt es neben dem Spiel mit Licht und Schatten, mit Vorder- und Hintergrund zahlreiche Details zu entdecken.

Der bekannteste Vertreter des Wiener Jugendstils lässt sich von der Natur inspirieren. Florale Motive, Ornamente und spiralförmige Elemente sind in seinen Werken vorherrschend. Der Übergang zwischen Wirklichkeit und Traum ist fließend. Die Intimität des Augenblicks lässt den Betrachter sich behutsam den dargestellten Personen nähern.

Gustav Klimt (1862–1918): Mutter mit Kind

Für den zu den angesehensten Expressionisten gehörenden Maler symbolisieren Tiere die Schöpfung. Sie leben im Einklang mit der Natur und stellen für ihn den höchsten Wert von Reinheit dar. Pferde gehören zu Marcs Lieblingsmotiven. Das Bild fordert den Beobachter auf, nicht nur die Pferde anzuschauen, sondern sich in sie hineinzuversetzen, das heißt ihr Wesen zu ergründen.

Franz Marc (1880–1916): Zwei Pferde in der Schwemme

2.3 Die Kinder

Am Projekt *Das wache Auge* haben sechs Mädchen und vier Jungen im Alter von sieben bis zehn Jahren teilgenommen: ein Mädchen aus der zweiten Klasse, drei Mädchen und zwei Jungen aus der dritten Klasse und zwei Mädchen und zwei Jungen aus der vierten Klasse. Es gab stille und schüchterne Kinder, die anfangs verhalten reagierten, dann aber mehr und mehr den Mut fassten, von sich aus Fragen zu stellen und etwas beizutragen. Andere waren temperamentvoll und selbstsicher. Ihre enorme Freude, alles wissen und sich allen mitteilen zu wollen, musste mitunter in geordnete Bahnen gelenkt werden. Dennoch waren alle Kinder zu Beginn jeder Zusammenkunft gleichermaßen auf die neuen Aufgaben gespannt. Trotz – oder vielmehr aufgrund – ihrer vielfältigen charakterlichen Eigenschaften befruchteten sich die Kinder gegenseitig in ihrem gemeinsamen Tun.

Von links nach rechts: Paul, Witold, Isabelly, Helena, Leah, Carlotta, Cherity-Mae, Mia;
nicht im Bild: Jamie, Tim

3 Die Durchführung

3.1 Die Projektleitung

Durchgeführt wird das Projekt von der Kommunikationstrainerin und Sprachförderlehrerin Sonja Schmitz. Die von ihr geleiteten Sprachförderungen in Kindergärten bestärken sie in ihrer Überzeugung, dass Kinder das ihnen innewohnende Potenzial besonders dann mühelos entfalten können, wenn sie sich einer Sache in Ruhe zuwenden und experimentieren dürfen. Da die Projektleiterin sich gerne mit Malerei befasst, wird mit diesem Projekt Grundschulkindern der Raum gegeben, sich intensiv mit Meisterwerken der Kunst zu befassen, auf die eigene Wahrnehmung zu vertrauen und sie zu verfeinern. Die Kinder sollen erkennen, dass Wahrnehmung sehr vielfältig ist, bei jedem ganz unterschiedlich sein kann, aber dennoch gleichwertig ist.

3.2 Die Aufgabe

Die Kinder erhalten einen Ordner mit den Fotodrucken der in Kapitel 2.2 vorgestellten Gemälde, die sie im Verlauf der viermonatigen Projektdauer zu Hause beschreiben. Ihre Wahrnehmungen und Empfindungen zum jeweiligen Bild schreiben sie auf oder lassen sie von ihren Eltern zu Papier bringen. Bei Projektbeginn werden die Eltern

über den Ablauf unterrichtet. Damit die Aussagen authentisch bleiben, sollen die Texte der Kinder weder umformuliert noch inhaltlich ergänzt werden. Des Weiteren erhalten Kinder und Eltern Hinweise, wie Bilder erschlossen werden und aus welchen Blickwinkeln sie betrachtet werden können:

- von links nach rechts,
- von rechts nach links,
- von unten nach oben,
- von oben nach unten,
- vom Bildmittelpunkt,
- von einem selbst gewähltem Punkt.

Weitere Anregungen :

- Welche Menschen/Gegenstände/Formen erkenne ich?
- Wie wirkt das Bild auf mich (traurig, fröhlich, bedrohlich, sanft etc.)?
- Woran erinnert mich das Bild?
- Woran erinnern mich die Personen/Tiere/Pflanzen/Gegenstände/Umrisse?

Die Kinder beschreiben die Bilder zu Hause, da sie hier mehr Zeit und Ruhe haben als in der Schule. Hier können sie sich mit Muße den Bildern zuwenden und in sie „eintauchen". Die Kinder schärfen ihre Wahrnehmung, während sie die Bilder eingehend betrachten. Gleichzeitig erweitern sie ihren sprachlichen Ausdruck, indem sie die passenden Worte für das Beobachtete finden. Die Eltern können bei den Bildbeschreibungen dabei sein, ihr Kind ermutigen und unterstützen.

3.3 Der Ablauf

Vier Monate haben die Kinder Zeit, ihre fünf Bildbeschreibungen auszuarbeiten. Im Abstand von jeweils vier Wochen finden sechs begleitende Arbeitstreffen statt. Hier können die Kinder über ihre Erfahrungen berichten und Fragen stellen. In der verbleibenden Zeit setzen sich die Kinder spielerisch mit den Aspekten Farbe, Form, Perspektive und Auffälligkeiten auseinander (siehe Kapitel 4).

3.4 Die Dokumentation

Die Berichte der Kinder werden gesichtet, stiftungsseitig redigiert und für den Buchdruck aufbereitet. Vor- und Geleitworte werden verfasst, die Projektdokumentation ergänzt und mit Bildmaterial vervollständigt. Das endgültige Ergebnis wird in der stiftungseigenen Schriftenreihe *Edition Erneuerung Geistiger Werte* veröffentlicht und der Schule wie auch den Schülerinnen und Schülern überreicht.

4 Die Arbeitstreffen: Erlebnisse und Erfahrungen

Erstes Treffen

Gespannt, wissensdurstig und ungeduldig kommen die Kinder zum ersten Treffen. Sie stellen viele Fragen:

- Wie heißt du?
- Woher kommst du?
- Was machen wir genau?
- Wo sind die Bilder?
- Warum heißt das Projekt so?
- Muss ich malen können, um mitzumachen?
- Wann bekommen wir die Bilder?
- Welche Bilder hast du uns mitgebracht?

Alle Fragen werden beantwortet, danach erhalten die Kinder ihre noch leeren Ordner und gestalten das Deckblatt.

Am Ende des Treffens werden die Fotodrucke der fünf Gemälde verteilt, was eine Flut von Kommentaren auslöst:

- Oh, wie schön!
- Ist das alles?
- Gibt es auch ein Bild von meinem Lieblingsmaler?
- Wer mag schon Pferde!
- Iiiih, die sind ja nackt
- Da sieht man den Busen der Frau!
- Wer hat das denn alles da hingestellt?
- Wie kann man so viele Menschen auf einmal malen?

Zweites Treffen

Wir begeben uns auf eine Reise in die „Welt der Farben". Zunächst wählen die Kinder aus einer Sammlung verschiedenfarbiger Wollknäuel ihre Lieblingsfarbe und schildern, warum ihnen gerade diese Farbe so gut gefällt und woran sie bei dieser Farbe denken müssen. Sie stellen unter anderem fest:

- Blau ist für mich die Nacht und ich liebe die Nacht, weil ich dann schlafen kann. Ich schlafe so gerne.
- Grün ist das Gras.
- Rot bedeutet, dass man aufpassen muss!
- Bei Orange denk ich sofort an Bob, den Baumeister!
- Oliv ist gut, um sich zu tarnen.

Nach der Gesprächsrunde ziehen die Kinder paarweise Farbkarten. Zu zweit malen sie in dieser Farbe all das, was ihnen dazu in den Sinn kommt.

Die Kinder machen sich sogleich ans Werk. Sie tauchen in die jeweilige Farbe ein und zeigen ein ausgeprägtes Gespür, die Gedankengänge zu ihrer Farbe bildlich umzusetzen. Bei der Farbe Rot dürfen zum Beispiel ein Herz, ein Stopp-Schild sowie die Masern nicht fehlen.

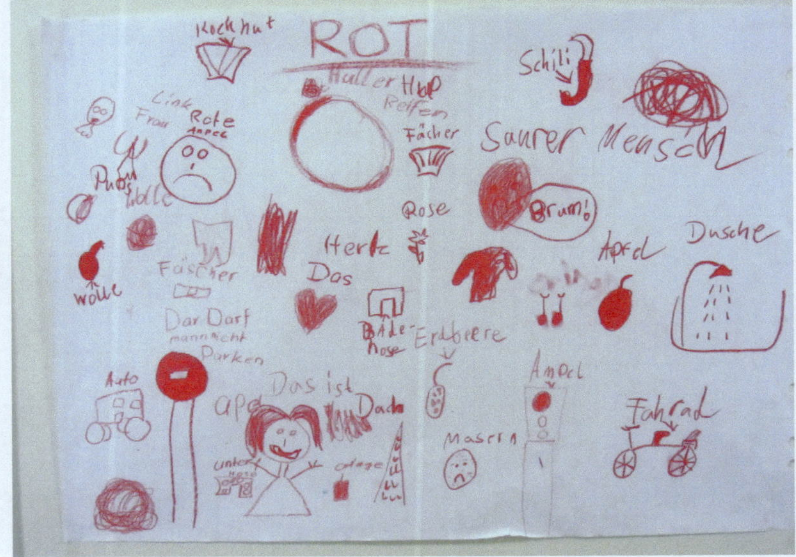

Carlotta (10 J.) und Mia (9 J.)

Die Farbe Blau regt an, das gesamte Blatt mit dieser Farbe wellenartig zu fluten.

Witold (9 J.) und Tim (8 J.)

Während die Kinder an den einfarbigen Bildern arbeiten, beschließen die Mädchen, gemeinsam ein Bild mit allen Farben, die es gibt, zu malen. Rasch wird diese Idee umgesetzt. Das Bild nennen sie „Die Welt ist bunt".

„Die Welt ist bunt"

Auch die Jungen greifen die Idee auf und fertigen ein Gesamtkunstwerk:

Drittes Treffen

Heute besuchen wir die „Welt der Formen". Als erstes steht ein „Formenpuzzle" auf dem Programm. Aus einer Vielzahl aus Pappe ausgeschnittener Formen suchen sich die Kinder jeweils fünf aus. Diese fügen sie zu einem Gesamtbild zusammen und geben dem Bild einen Titel. In kurzer Zeit haben alle Kinder ihr Phantasiebild gelegt und benennen es wortgewandt.

„Der Mann mit einem Bein" von Paul (10 J.)

„Das Haus mit Hut" von Cherity-Mae (10 J.)

Anschließend zeigen die Kinder ihre fünf verschiedenen Formen, die sie, als Vorbereitung auf dieses Treffen, zu Hause ausgewählt und abgezeichnet haben. Diese Formen schneiden sie nun aus, kleben sie auf ein großes Blatt Papier, sodass ein Gesamtbild entsteht, dem sie einen

Titel geben. Auch bei dieser Aufgabe gehen die Kinder beherzt ans Werk und zeigen, dass sie fähig sind, die Einzelteile zu einem formvollendeten Ganzen zusammenzufügen. Es bereitet ihnen auch keinerlei Mühe, ihr Kunstwerk mit den passenden Worten zu überschreiben.

„Der Untergang" von Mia (9 J.)

„Fantasie-Bild" von Carlotta (10 J.)

„Die Welt der Formen"
von Isabelly
(7 J.)

„Ein Tag in London"
von Jamie
(9 J.)

Beim abschließenden Bastelangebot formen die Kinder aus Papier, Servietten und Alufolie originelle Gebilde. Dabei arbeiten Jungen wie Mädchen höchst konzentriert und mit viel Liebe zum Detail. Sie sind äußerst kreativ, gestalten Papierflieger, Taschen, Blüten und Herzen und wagen sich auch an zunächst schwierig erscheinende Formen heran. Sie basteln eine Krone, einen Schwan, eine Robbe und einen Lurch.

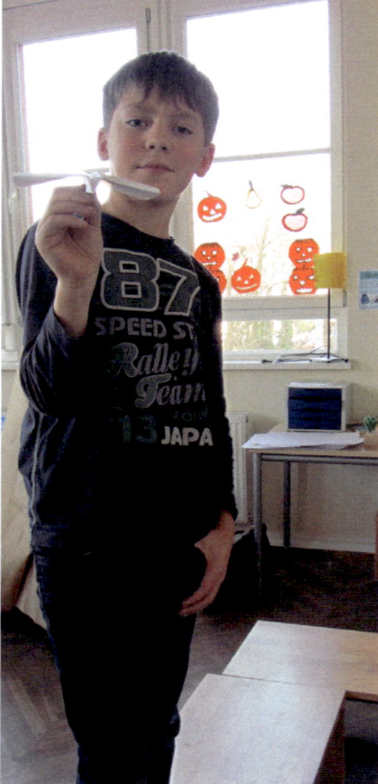

Die Kinder sind sichtlich stolz, dass sie eine solche Vielzahl an unterschiedlich geformten Gegenständen geschaffen haben. Zum Abschluss befestigen die Kinder ihre Kunstwerke am „Formenzelt“.

Das Formenzelt

Viertes Treffen

Die Kinder stellen ihre „Mustercollage“ vor, die sie daheim aus vorab einzeln abgezeichneten Mustern zusammengesetzt haben. Die einzelnen Muster für ihre Collage haben sich die Kinder entweder selbst ausgedacht oder beispielsweise von Teppichen, Gardinen, Schlafanzügen oder auch den Bodenfliesen in der Schule abgezeichnet. Die hier auszugsweise vorgestellten Bilder zeigen, dass die Kinder jederzeit aus der Fülle des in ihnen ruhenden Farb- und Formenreichtums schöpfen können.

oben links: Witold (9 J.)
oben rechts: Paul (10 J.)
unten links : Mia (9 J.)
unten rechts: Carlotta (10 J.)

Nachdem alle Kinder ihre Musterbilder präsentiert haben, wird Kunstsand auf einen Glastisch geschüttet und die Glasfläche von unten mit einer Lampe angeleuchtet. Begeistert zeichnen die Kinder reihum mit ihrem Finger etwas in den Sand, was die anderen erraten sollen. Eine Zusatzrunde nach der anderen wird eingefordert und die Kinder sprühen vor Einfällen. Sie skizzieren Buchstaben, Namen, Gesichter, Mitschüler, Herzen, Häuser, Kirchen, Feuer, Panzer und Flugzeuge. Ein Kind hat die Idee, die Lampe unter dem Glastisch auszuschalten, bis das jeweilige Kind mit seinem Bild fertig ist. Dann erst wird das Licht wieder eingeschaltet und die anderen müssen blitzschnell erraten, was dort abgebildet ist.

Jamie (9 J)

Cherity-Mae (10 J.)

Paul
(10 J.)

Nach diesem sandigen Erlebnis modellieren die Kinder aus Knete, wonach ihnen der Sinn steht. Konzentriert und fantasievoll bearbeiten sie ihre Knetmasse und geben sich erst dann zufrieden, wenn das entstandene Modell genau ihrer Vorstellung entspricht. Neben Ringen, Würstchen, Schwämmen und Hundefutter werden unter anderem Gesichter, Herzen, Hasen und Schlangen geformt.

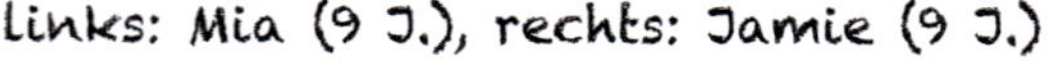

links: Mia (9 J.), rechts: Jamie (9 J.)

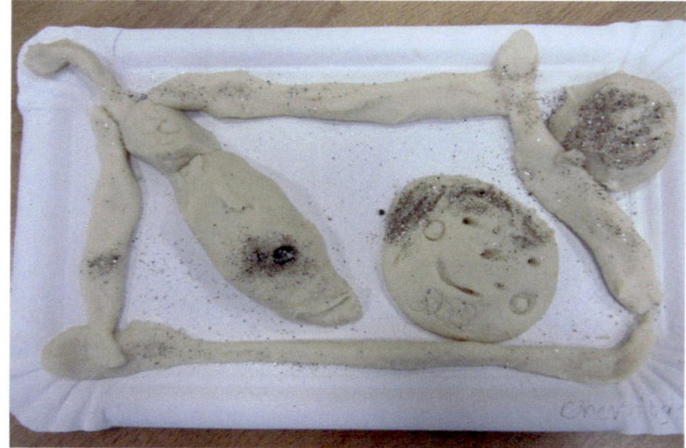

Cherity-Mae
(10 J.)

Fünftes Treffen

Die Kinder tragen als Erstes ihre Hausaufgaben vor. Sie sollten den Arbeitsplatz zu Hause malen oder beschreiben. Die Bilder wie auch die schriftlichen Ausführungen zeigen, was den Kindern an ihrem häuslichen Arbeitsplatz wichtig ist.

Cherity-Mae (10 J.)

Witold (9 J.)

Isabelly, 7 Jahre

Normalerweise ist mein Arbeitsplatz am Tisch meines Papas in seinem Zimmer. Ich lege die Sachen, die ich brauche, auf den Tisch. Wenn ich meinen Kopf hebe, sehe ich den Arbeitstisch mit einem Computer. Rechts davon steht eine Lampe.

Mia, 9 Jahre

Am liebsten sitze ich zum Malen, Basteln und Hausaufgaben machen an unserem Esszimmertisch. In meinem Zimmer fühle ich mich so alleine, im Esszimmer habe ich immer Leute um mich. Es ist ein langer Tisch aus dunkelbraunem Holz und es stehen sechs mit grünem Stoff bezogene Stühle drum herum. Ich sitze an der langen Seite und mit dem Rücken zum Fenster. Meistens habe ich meine Sachen über den ganzen Tisch verteilt. Manchmal sitzt mir mein älterer Bruder gegenüber, wenn er seine Hausaufgaben macht. Wenn ich aufsehe, kann ich durch die offene Tür in den Flur gucken, wo unser Hund im Körbchen liegt.

Leah, 9 Jahre

Ich habe am Küchentisch gebastelt. Dazu brauchte ich eine Schere, einen Bastelkleber und ein Blatt Papier. Gerne trinke ich auch etwas beim Basteln und Malen. Deshalb steht immer ein Becher Wasser vor mir. Ich sitze so, dass ich aus dem Fenster schauen kann. Vor unserem Küchenfenster steht eine Kirschlorbeerhecke. Davor steht eine Hainbuche, die jetzt im Winter aber keine Blätter trägt.

Tim, 8 Jahre

Wenn ich aus dem Fenster schaue, dann sehe ich unseren Rasen und die Büsche. Wenn ich jedoch ein bisschen meinen Kopf nach links drehe, sehe ich meine Schule. Mein Arbeitsplatz ist die hintere Kopfseite des Esstisches. Der Raum ist ein sehr großer Raum und deswegen ist er auch sehr hell. Er grenzt an die Räume Wohnzimmer, Küche und Arbeitszimmer an.

Nachdem alle Kinder ihre Bilder beziehungsweise ihre Beschreibungen des Arbeitsplatzes vorgestellt haben, wenden wir uns sogenannten „Kratzbildern" zu. Auf weißen Bildkarten tragen die Kinder mit Wachsmalstiften bunte Farben auf und übermalen die gesamte Fläche mit einem schwarzen Wachsmalstift.

Anschließend kratzen die Kinder mit einem spitzen Schaber die Konturen eines von ihnen ausgedachten Motivs aus der schwarzen Deckschicht heraus. Der Effekt der plötzlich wie aus der Dunkelheit der Nacht aufblitzenden, strahlenden Farben fasziniert die Kinder so sehr, dass sie beschließen, die „Kratzbilder" in „Zauberbilder" umzubenennen.

Mia
(9 J.)

Witold
(9 J.)

Sechstes Treffen

Die Kinder, die der Aufforderung gefolgt sind, ein Portrait der Projektleiterin anzufertigen, präsentieren zunächst ihre Ergebnisse.

Carlotta
(10 J.)

Leah
(9 J.)

Danach werden die Ordner der Kinder auf Vollständigkeit geprüft und eingesammelt. Die während des Projekts entstandenen Arbeiten sind den Kindern äußerst wichtig und werden von der Projektleitung entsprechend gewürdigt. Die Kinder bringen mehrfach ihre Sorge zum Ausdruck, dass ihre Ordner nicht verloren gehen dürfen und ihnen unbedingt wieder ausgehändigt werden müssen. Abschließend erhalten die Kinder die Bilder zurück, die während des Projektes im Schulhaus ausgestellt waren.

Der Abschied hängt förmlich in der Luft und stimmt die Kinder traurig. Sie fragen:

- Ist das heute unser letztes Treffen?
- Wann kommst du wieder?
- Wieso ist denn heute schon Ende, kannst du nicht einfach weitermachen?
- Wann bekommen wir das Buch?
- Bekommt jeder von uns ein Buch?

Zum Abschluss legen alle Kinder ein Mandala aus Naturmaterialien. Keiner der Jungen und Mädchen ist tonangebend oder drängelt sich in den Vordergrund. Die Kinder nehmen Baumrinde, Moos, Muscheln, Federn, Tannenzapfen, Bucheckern, Kastanien und getrocknete Blüten aus dem bereitgestellten Fundus und legen sie scheinbar wahllos in die Mitte. Einem stillen Harmoniegesetz folgend, entsteht ein wunderbares Gesamtkunstwerk.

5 Die Bildbeschreibungen der Kinder

Feinsinnig beobachtend, inspiriert und ausdauernd haben sich die Kinder ihrer Aufgabe gestellt, fünf Kunstwerke namhafter Maler aus unterschiedlichen Stilepochen zu beschreiben. Es wurde Wert darauf gelegt, die Formulierungen der Kinder originalgetreu und ungekürzt zu übernehmen. Korrigiert wurden die Beiträge lediglich im Hinblick auf Rechtschreibung und Zeichensetzung. In wenigen Fällen musste zum besseren inhaltlichen Verständnis der Satzbau ein wenig umgestellt werden.

5.1 Paul Cézanne, Stillleben mit Äpfeln

Mia, 9 Jahre

Das Bild *Stillleben mit Äpfeln* von Paul Cézanne gefällt mir, weil es so schöne Farben hat. Die Hauptfarbe des Bildes ist Blau in verschiedenen Tönen. Darin leuchten die Äpfel ganz besonders in Rot und Gelb. Auf der oberen linken Bildseite sehe ich eine Vase, eine schmale und hohe Flasche und einen Krug. In der Bildmitte leuchten die Äpfel auf einem blassblauen Teller. Daneben steht eine Porzellandose. Auf der linken unteren Bildseite sieht man eine gemusterte Tischdecke, daneben ein einfarbiges Küchentuch. Über die gesamte obere Bildseite hat der Maler die nackte Wand hinter dem Tisch in Blau gemalt.

Jamie, 9 Jahre

Da steht eine grüne Vase auf einem Tisch. Da steht ein blauer Krug neben der Vase. Und neben dem Krug steht eine Schale mit vielen Äpfeln. Und neben der Schale steht eine Dose mit Zucker.

Witold, 9 Jahre

Das Bild der Äpfel von Paul Cézanne gefällt mir sehr. Allerdings finde ich es auch ein bisschen gruselig, weil der Maler auf den „kleinen Äpfeln“ (damit meine ich, dass sie ziemlich klein sind) so eine grün-gelb-goldene Farbe verwendet hat. Das, was ich auch so gruselig finde, ist der „alte, verlassene“ Raum im Gegenteil zu dem Bild „Mutter mit Kind“, wo der Maler drei Personen gemalt hat, der Hintergrund bunt ist und die Mutter sogar lächelt. Aber kehren wir zurück zu dem Bild und dem Stil, in dem der Maler gemalt hat. Ich will selber ja auch Maler werden. Und weißt du, warum Früchte, Pflanzen, Räume beziehungsweise Stillleben besser gelingen als Portraits und Sachen, die man sich gerade maximal zwei Stunden ansehen kann? Erstens, die Portraits gelingen nicht gut, weil man die erste Skizze auf schnell machen muss. Und zweitens, bei den Sachen, die man sich ausdenkt, malt man das so hin und dann verändert es sich, weil man nicht ewig das Gleiche denken kann. Noch eine zweite Frage: Warum gelingen Heiligenbilder oft sogar besser als Stillleben? Na, weil die Leute früher einen größeren Glauben hatten und mehr Respekt vor Göttern und mehr Angst vor der Strafe, die ein Gott ihnen erteilen würde, wenn sie irgendwie Mist über ihn malen. Aber jetzt zurück zum Bild. Wenn ich das Bild da so betrachte, denke ich, dass der Maler sehr viel Farbe verwendet hat. Als Skizze hat er nur die Umrisse der Gegenstände skizziert. Bei der Skizze handelt es sich nicht sehr um Bleistift. Außerdem sieht man da auch verschiedene Gefäße, die wahrscheinlich mit Wein und Wasser gefüllt sind. Als Vorletztes sind mir das Gefäß aus Porzellan mit dem Porzellandeckel und das Muster auf der blau-schwarzen Decke aufgefallen. Als Letztes ist mir aufgefallen, dass in der rechten Ecke unten auch noch ein Teil der schwarz-blauen Decke ist. Jetzt sehe ich auch noch, dass eigentlich die blau-schwarze Decke die Tischdecke sein muss und der weiße Stoff mit dem roten Streifen wirkt zur heutigen Zeit wie ein Lappen. Aber da kein Lappen auf dem Tisch liegen kann (weil das sonst unhöflich wäre), habe ich die Vermutung, dass wenn man früher keine Frau hatte, die für einen webt, das weiße Tuch wohl mehr Wert hatte als heute. Hatte der Maler keine Frau, die für ihn webte, musste er für gemusterte Stoffe Geld bezahlen, aber nicht viele Maler hatten im Leben viel Geld. Damit stelle ich fest, dass der Maler hier bestimmt eine Frau hatte.

Isabelly, 7 Jahre

Ich sehe auf der linken Seite eine Vase, eine Flasche, einen Krug auf einem Tisch. Weiter rechts steht eine Schale mit Äpfeln. Vor dem Krug und der Schale ist ein Behälter mit Deckel. Die Äpfel liegen verteilt auf dem Tisch. Ich sehe zwei verschiedene Decken, die eine mit Muster, die andere weiß mit einem roten Streifen.

Cherity-Mae, 10 Jahre

Auf dem Bild sehe ich zehn Äpfel, zwei Tischdecken, zwei Vasen, eine Flasche und eine Dose mit Deckel. Die Dose hat ein Blümchenmuster. Die dunkle Tischdecke hat Muster aus Blumen und Blättern und Stängel. Das Bild besteht aus Blautönen (Wand, die eine Vase, die Tischdecke und der Tisch), Rot- und Gelbtönen (die Äpfel und der Streifen an der einen Tischdecke), Grün (die große Vase) und Weiß (die eine Tischdecke). Das Bild besteht aus dunklen und hellen Bereichen. Der linke Bildbereich ist in dunkleren Farben gemalt. Der mittlere und rechte Bildbereich ist mit helleren Farben gemalt. Die Äpfel fallen mir am meisten auf. Ich habe das Gefühl, ich könnte nach ihnen greifen. Ich glaube, dass der Maler seinen Küchentisch gemalt hat, weil er ihn so schön findet.

Paul, 10 Jahre

Links oben steht eine Vase und eine schlanke Flasche. In der Mitte und rechts oben ist der Hintergrund in Türkis gemalt. In der Mitte links befindet sich ein kariertes Tuch. In der Mitte des Bildes steht eine Vase und es liegen zwei Äpfel auf dem Tisch. Es liegen sieben Äpfel auf einem Teller und der Teller steht auf einem weißen Tuch. Unter dem Tuch liegt ein blau-schwarzes Tuch. Wie das Bild auf mich wirkt? Für mich sieht das einfach nur langweilig aus und ich bekomme dadurch Hunger. Wenn ich das Bild gemalt hätte? Dann hätte ich ein paar Menschen und mehr Obst ins Bild gemalt. Den Hintergrund hätte ich gelb gemalt. Die Äpfel erinnern mich an den Apfelbaum meines Opas, auf dem man toll klettern kann.

Helena, 9 Jahre

Ich sehe Äpfel, die rot und gelb sind, in einer Schale. Auf der linken Seite sehe ich eine grüne Vase. In der Mitte sehe ich einen Krug, der rund und blau ist. Unter der Schale liegt ein weißes Tuch mit roten Streifen. Neben dem weißen Tuch liegt ein blau-schwarzes Tuch. Darauf steht ein bunt bemalter Topf mit gelben Blumen. Die drei Äpfel sind rausgefallen. Dahinter steht eine Weinflasche.

Carlotta, 10 Jahre

Auf der linken Seite steht eine grüne Vase. Innen ist die Vase sandfarbig gelb. Unten an der Vase ist ein gelber Schatten. Neben der Vase steht eine Weinflasche mit einem Korken und um die Flasche herum ist ein gelbes Seil. Neben der Weinflasche steht ein Krug. Der Krug ist blau und hat ein gelbes Seil. Darunter sind zwei rotgrüne Äpfel. Eine Zuckerdose ist auch zu sehen. Ein Teller mit Äpfeln steht neben der Dose. Unter dem Teller ist ein Tuch.

Tim, 8 Jahre

Das Bild ist auf den ersten Blick etwas langweilig, weil sich nichts bewegt. Aber wenn man etwas länger hinschaut, merkt man, dass es interessant ist. Alles wirkt ganz still auf dem Bild. Im Bild ist Ruhe. Es gibt viele verschiedene Muster im Bild. Das Gefäß links im Bild wirkt sehr alt. Die zwei Gefäße rechts daneben sind mit Schnüren bespannt und das ergibt ein schönes Muster. Im Vordergrund steht ein Gefäß, das sehr schön ist. Es ist weiß, es hat ein schönes Blumenmuster, und es sieht sehr teuer aus. Die Farben wirken langweilig, weil sie alle in dunkleren Tönen sind. Die Äpfel sind zwar rot aber in keinem schönen Rot. Das Bild wirkt auf mich still, verlassen und einsam. Die Farben sind typisch für ein Stillleben.

Leah, 9 Jahre

Oben links sehe ich eine grüne Blumenvase, aber leider ohne Blumen. Mir fehlen auf dem Bild Blumen und der Deckel für das Gefäß mit der Schleife neben der Vase. Denn in der Vase könnte Brot sein, und das wird kalt ohne Deckel. Die Wand hinten ist so schön blau. Aber alle Farben bis auf die Äpfel sind so kalt. Es ist unordentlich. Es sollte mal jemand aufräumen. Ich weiß nicht, warum die Tischdecke so runtergezogen ist. Die Äpfel fallen doch runter. Und die Zuckerdose daneben. Es fehlt Wasser. Und wo sind die Menschen?

5.2
Pierre-Auguste Renoir, Sonnenuntergang in Douarnenez

Jamie, 9 Jahre

Da ist ein Sonnenuntergang, der bunt ist. Da hat ein Künstler das Bild bunt angemalt. Ich finde, das Bild ist schön. Und die Sonne bildet sich an das Wasser ab, das sieht schön aus und glitzert. Ich hätte das Bild mit meinen Fingern gemalt, aber so sieht das Bild besser aus.

Paul, 10 Jahre

Oben sind ein schöner türkisener Himmel und die gelbe Sonne. Links in der Mitte sind Sanddünen und die Sonne spiegelt sich. Unten ist ein schöner Sandstrand. In der Mitte und rechts ist das schöne Meerwasser und es glitzert sehr schön. Am Horizont sind rote Wolken zu sehen. Mir gefällt an diesem Bild der Sonnenuntergang. Das Bild wirkt auf mich cool. Der Maler verwendet die Farben Rot, Schwarz, Blau, Gelb und Türkis. Ich hätte die gleichen Farben benutzt. Ich sehe runde Formen. Das Bild wirkt leise. Das Bild erinnert mich an einen Sonnenuntergang am Meer. Ich hätte die Farben mehr zusammengetan.

Carlotta, 10 Jahre

Der Sonnenuntergang bedeutet, dass die Sonne untergeht und dass es kalt wird. Ich sehe große und kleine Felsen. Im Meer spiegelt sich die Sonne. Der Himmel wird dunkler. Der Sand ist im Meer drinnen, damit die Tiere sich verstecken können. Auf dem Bild sehe ich gar keine Vögel.

Isabelly, 7 Jahre

Ich sehe eine gelbe Sonne und das Meer. Auf dem Strand liegen graue, große Felsen. Der hintere Strand ist dunkel. Und der untere Teil des Himmels ist gelb, der obere blau.

Mia, 9 Jahre

Das Bild von Pierre Auguste Renoir *Sonnenuntergang in Douarnenez* finde ich schön, weil es mich an die Aussicht im Urlaub erinnert. Es ist ein reines Landschaftsbild ohne Personen. Die Landschaft ist mit Pinselstrichen angedeutet. Es gibt keine feste Umrandung. Das Bild zeigt einen Sonnenuntergang am Meer. Vorne sieht man Felsen, die steil ins Meer gehen. Am oberen Bereich sieht man die Sonne und den Himmel. Die Farben der untergehenden Sonne breiten sich aus auf der blauen Farbe vom Himmel. Auf der Meeresoberfläche sieht man die Sonne, wie sie sich gelb- und orangefarben spiegelt. Generell ist das Bild in braunen, blauen, gelben, roten und orangen Tönen gehalten.

Helena, 9 Jahre

Oben im Bild sehe ich eine weiße Sonne. Um die Sonne sehe ich ein gelbes Licht. Über der Sonne sehe ich einen blauen Himmel. Ich sehe blaues Wasser. An manchen Stellen leuchtet es bunt. Unten im Bild sehe ich gelben Sand. Unten im Bild sehe ich rot-blaue Steine.

Cherity-Mae, 10 Jahre

Auf diesem Bild sehe ich einen Sonnenaufgang, Land, Steine und Wasser. Im Wasser spiegeln sich die Farben der Sonne. Das Land ist in Lila, Gelb, Blau und Rot gemalt. Das Wasser ist gelb, blau, rot, grün und dunkelblau. Die Sonne ist in Gelb und Weiß gemalt. Der Himmel ist gelb, rot, orange, blau und lila gemalt. Das Wasser ist ganz ruhig. Ein paar Steine liegen darin. Das Land scheint aus ganz viel Gras zu bestehen. Ich denke, dass der Maler einen Sonnenaufgang gemalt hat, da die Farben des Wassers und des Himmels nicht so stark gemalt sind. Das Bild wirkt auf mich ruhig, friedlich und schön. Ich stelle mir vor, dass ich am Ufer stehe und den Sonnenaufgang beobachte.

Leah, 9 Jahre

Ich sehe viele schöne Farben im Wasser. Links sehe ich einen schönen Strand. Ich denke, das Bild spielt an der Ostsee. Die Sonne geht ganz langsam unter. Sie ist nicht mehr ganz oben. Links hinter einem Berg sehe ich Vögel, die woanders hinfliegen wollen. Im Himmel ist ganz rotes Licht. Unten in der Mitte spiegelt sich die Sonne nur so halb im Wasser. Das finde ich komisch.

Witold, 9 Jahre

Dieser Sonnenuntergang gefällt mir sehr. Besonders gefällt mir an dem Bild die Sonne. Das ist auch das einzige Bild, wo der Maler so eine kleine Sonne gemalt hat. Nicht so gut (nicht so schön) finde ich in der linken Ecke oben, das da so eine dunkelgrüne Farbe ist. Aufgefallen ist mir auch, dass in der linken Ecke unten die Unterschrift des Malers ist und diese Braunfarbe ist auch sehr schön, aber ganz durchlesen kann ich die Unterschrift nicht. Lesen kann ich nur ROMOS und eigentlich heißt er Pierre-Auguste Renoir und das Bild heißt: *Sonnenuntergang in Douarnenez*. Die blaue und rote Farbe der Steine oder den gelb-orangefarbenen Sand auf der linken Seite neben der Sonne sehe ich. Auf dem Felsen sind zwei schwarz-graue Gegenstände mit ein paar gelben Pünktchen und unter denen ist eine Holzhütte. Links in der Mitte sehe ich auch noch was, nämlich zwischen zwei Steinen eine dunkelgrüne Pflanze. Ich sehe etwas in Rosa und Weiß über der Unterschrift. Da drüber ist noch ein blauer Fleck, der so aussieht wie eine Pfütze oder sowas. Daneben ist noch etwas Grünes, das so aussieht wie Gras. Die Bucht überhaupt erinnert mich an Krk in Kroatien.

Tim, 8 Jahre

Dieses Bild erinnert mich sehr an Spanien. Es wirkt sehr ruhig. Ich vermute, dass es ein schöner und sonniger Tag war. Im Vordergrund ist ein kurzer Sandabschnitt mit Steinen. Die Sonne spiegelt sich im Meer. Das Bild ist nicht ganz scharf gemalt, sondern eher etwas verschwommen. Die Sonne sieht in der Spiegelung viel größer aus als die echte Sonne dahinter. Die Abendstimmung ist friedlich und entspannt. Der Horizont ist gelb-orange gefärbt. Am oberen Rand des Horizonts ist der Himmel hellblau. Auf der Landzunge stehen zwei Tiere, die ich aber nicht gut erkennen kann.

5.3

Max Liebermann, Münchner Biergarten

Isabelly, 7 Jahre

Ich sehe tausend Leute und Stühle, auch noch Bäume. Und die Lampe und auch noch die Hütte auf der linken Seite von der Laterne. Die Personen essen und trinken und reden. Vorne spielen zwei Kinder. Ein Kind spielt mit der Puppe, das andere mit einem Eimer und einer Schaufel. Ein drittes Kind trinkt Wasser aus dem Glas, aus der Hand der Mutter.

Paul, 10 Jahre

Oben auf dem Bild sehen wir einen prächtigen Baum, der Schatten auf die Leute wirft. In der Mitte hinten sehen wir eine kleine Band, die Musik spielt, und dahinter ist eine alte Scheune. Vorne in der Mitte sehen wir ganz viele Menschen, die reden, trinken und essen. Unten in der Mitte sehen wir ein kleines Mädchen, das gerade seine

Puppe aufhebt. Mir gefällt an diesem Bild besonders der Baum. Mir missfallen die Menschen. Das Bild wirkt langweilig auf mich. Das Bild erinnert mich an ein Fantasie-Konzert. Wenn ich das Bild gemalt hätte, hätte ich die Menschen besser gemalt.

Witold, 9 Jahre

Bei dem Bild *Münchner Biergarten* sehe ich, was anders als bei ganz, ganz vielen Bildern ist, nämlich: Männer mit Zigarren, viel Bier, Orchester und eine Scheune. Auf dem Bild sieht man sogar einen Hund. Aber ist ja auch egal. Ich würde sagen, als erstes sieht man die Puppe, die drei Kinder, das Orchester und die Laterne. Ich würde sagen, dass in der rechten Bildseite in der Mitte ist ein schönes Haus, davor Bäume und vor den Bäumen sieht man irgendein Betonhaus. Ich würde außerdem sagen, dass auf dem Bild 58 Menschen drauf sind (ohne Orchester). Max Liebermann war wohl auch so ein Maler mit den Ideen wie ein Vincent van Gogh oder ein Salvador Dali, denn so was wie einen Biergarten habe ich echt noch nie auf einem Bild (Gemälde) gesehen. Das wäre doch äußerst schwer für einen Maler, so viele Personen auf einmal zu malen. Außerdem fallen die Bäume überhaupt nicht auf. Auf der linken Bildmitte sind noch zwei weitere Laternen gemalt. Die Form, die mir am besten gefällt, ist die des oberen Teils der Laterne. Auf dem Bild ist wahrscheinlich ein Biergarten, in dem es Getränke für Kinder gibt, denn ich habe entdeckt, dass das Kind im roten Kleid etwas trinkt.

Jamie, 9 Jahre

Ich sehe sehr viele Leute und hinten sehe ich Stadtmusikanten. Ich sehe ein Mädchen, das spielt. Und ich sehe eine Mutter, die ihrem Kind etwas zu trinken gibt. Ich sehe ein Kind, das eine Schaufel in der Hand hat. Und hinter den Stadtmusikanten sehe ich eine alte Hütte und vor den Stadtmusikanten ist es sehr voll. Ich hätte weniger Leute gemalt.

Leah, 9 Jahre

Ich sehe, dass der Baum neben einem Tisch so echt aussieht. Rechts daneben ist ein kleines Mädchen (etwa fünf Jahre alt), das Wasser trinkt und der Mama an das Röckchen fasst. Ein anderes Mädchen daneben möchte seine Puppe aufheben. Und in dem Bild ist noch ein kleiner Hund zu sehen. Wahrscheinlich ist es Chihuahua. Ein Orchester spielt im Hintergrund. Viele andere Menschen sitzen herum und trinken. Und eine Oma rechts auf dem Bild guckt einen Mann an. Mir gefällt besonders gut, dass die Frau mit dem Hut in der Mitte so schön aussieht. Mir gefällt nicht so gut, dass die Laterne rechts im Bild einer Frau im Weg steht und sie fast daran knallt.

Mia, 9 Jahre

Das Bild *Münchner Biergarten* von Max Liebermann finde ich schön, weil alle Personen sehr glücklich aussehen. In der oberen Bildhälfte sieht man nur die Baumkronen. Auf der unteren Bildseite sieht man viele Leute, die auf Stühlen an vielen Tischen sitzen und lachen und sich unterhalten. Die Personen sind in Sommerkleidung. Der dicke schwarze Baumstamm geht über die ganze linke Bildseite und fällt sehr auf. Eine Mutter gibt ihrem Kind etwas zum Trinken. Im Vordergrund sieht man einen Hund und drei kleine Kinder. Durch die Baumkronen fallen Sonnenstrahlen, die man auf dem Boden sieht.

In der rechten Bildseite sieht man eine Laterne und eine Gartenhütte. Eines der drei Kinder bückt sich nach seiner Puppe, die auf dem Boden liegt. Das zweite Mädchen guckt ihm dabei zu und hat eine Schaufel und einen Eimer in der Hand. Eine Frau mit Sonnenschirm betrachtet die beiden Mädchen.

Cherity-Mae, 10 Jahre

Auf diesem Bild sehe ich einen Hund, eine Puppe, einen riesigen Baum, viele Menschen, eine Bedienung, Hüte, eine Laterne, einen Regenschirm oder Sonnenschirm, Musiker mit ihren Instrumenten, Stühle und Tische, ein Eimerchen, einen kleinen Luftballon und einige Bäume. Das Bild wurde in Grün-, Rot- und Blautönen, in Weiß und in Schwarz gemalt. Auf den ersten Blick sieht das Bild aus wie ein Foto. Ich sehe viele Menschen, die im Freien sitzen und Bier trinken. Das kleine Mädchen im Vordergrund hat seine Puppe fallen gelassen und hebt sie wieder auf. Neben ihr steht ein anderes Mädchen und sieht ihr zu. Sie hat ein Eimerchen und eine kleine Schaufel in der Hand. Auf dem Stuhl vorne rechts liegt eine Jacke. In der Mitte bekommt ein kleines Mädchen gerade etwas zu trinken. Es trägt ein rotes Kleid mit weißer Schürze und roten Strümpfen. Neben ihr steht ein kleiner Hund. Mir fällt auf, dass alle Leute traurig gucken. Keiner lacht und keiner redet. Fast alle sitzen gelangweilt auf ihren Stühlen und keiner guckt den anderen an. Ich denke, dass keiner der Musik zuhört, sondern jeder mit seinen Gedanken woanders ist. Ich möchte dort nicht sein, da alles so eng wirkt und die Stimmung scheinbar nicht gut ist.

Helena, 9 Jahre

Auf der linken Bildseite sehe ich Kinder und Erwachsene, die am Tisch sitzen. Hinten im Bild sehe ich Musiker. Vorne sehe ich einen großen Baum. Vorne sehe ich ein Mädchen, dass seine Puppe aufheben will. Vorne im Bild sehe ich ein Mädchen, dass von seiner Mutter was zu trinken bekommt.

Tim, 8 Jahre

In diesem Bild ist Bewegung. Das Bild kann man mit einem Blatt von einem Zeichentrickfilm vergleichen. Ich sehe, dass ganz hinten im Bild ein kleines Orchester spielt. Sie sitzen im Frühsommer im Schatten der großen Bäume. Die Leute haben gute Laune. Wenn ich das Bild betrachte, fallen mir die Leute ganz besonders auf. Es sind viele interessante und auffällige Farben. Ganz vorne unten im Bild hebt ein Mädchen seine heruntergefallene Puppe auf. Etwas hinter ihr steht ein Mädchen mit einem Eimer und einer Schippe. Die beiden Mädchen sind noch sehr klein. Im Gegensatz zu den Mädchen sind die Bäume extrem groß. Die Bäume stehen im Hintergrund und spenden Schatten. Der Baum links vorne im Bild fällt mir aber als erstes auf, weil er so groß ist.

Carlotta, 10 Jahre

In der Mitte des Bildes sehe ich vor der Hütte viele Musiker und viele Menschen, die Bier trinken. Vorne links ist ein Baum, der Schatten spendet. Neben dem Baum ist eine Frau, die ihrem Kind etwas zum Trinken gibt. Rechts sind zwei Kinder, das eine hat einen Eimer und eine Schaufel, das andere hat eine Puppe, die ihm runtergefallen ist. Ein bisschen weiter hinten ist ein kleiner Hund.

5.4

Gustav Klimt, Mutter mit Kind

Cherity-Mae, 10 Jahre

Auf dem Bild sehe ich eine nackte Frau und ein nacktes Kind. Beide liegen auf einem Bett. Links oben scheint noch eine Frau zu liegen, da dort lange dunkle Haare zu sehen sind und eine Männerhand ist in diesen Haaren. Die Mutter hat bunte Blumen in ihren Haaren und hat die Augen zu. Sie hält ihr Kind sanft in den Armen. Das Kind hat braune Haare und schläft friedlich an der Mutter. Ich sehe grüne Blätter um die Frau herum. Sie liegt auf einer Blumendecke. Die Farben sind schön. Das Bild ist friedlich und still.

Mia, 9 Jahre

In dem Bild von Gustav Klimt sind „Mutter mit Kind" sehr nah dargestellt. Auf der linken Bildseite oben sieht man die Haare und eine Hand von einer dritten Person. Im oberen Drittel ist der Kopf der Mutter zum Kind gedreht und am Kopf der Mutter liegt der Kopf des Kindes. Alle beide sind nackt. Rund um das ganze Bild und im Haar der Mutter liegen kleine farbige Ornamente und Blumen. Das Bild selbst ist in goldenen Farben gehalten.

Paul, 10 Jahre

Ich sehe oben ein geflecktes Muster, unten wahrscheinlich eine Decke. Links unten ist es genau so wie oben. Ich sehe eine Mutter, die mit ihrem Kind schläft. Die Mutter hat blonde Haare. Was hier im Bild nicht stimmt, ist, dass die Mutter den Kopf nicht so weit zur Seite kippen kann, wie auf dem Bild. Das kann kein Mensch. Ich finde das Bild nicht schön. Ich hätte die zwei Menschen angezogen gemalt. Das Bild wirkt auf mich abstoßend.

Leah, 9 Jahre

Ich sehe eine Mutter mit ihrem Kind. Das Kind liegt auf der Mutter. Der Vater liegt neben der Mutter, aber man sieht ihn nur ein bisschen. Das Kissen, auf dem die Mutter liegt, gefällt mir gut. Es ist so gekringelt. Beide sind nackt. Das finde ich komisch. Mir fällt besonders auf, dass die beiden kuscheln. Und die Mutter hat Blumen im Haar. Das Bild ist sehr farbenfroh.

Tim, 8 Jahre

Das Bild ist vielfältig. Es beherbergt sehr viele schöne Farben. In dem Bild steckt viel Liebe. Die Mutter muss ihr Baby sehr lieb haben. Die Farben sind sehr ungleichmäßig verteilt. In der Mitte des Bildes liegt eine Mutter mit ihrem Kind. Sie haben beide keine Kleider an und haben die Augen geschlossen. Das Bild ist voller Muster, wobei die Körper ausgelassen wurden.

Jamie, 9 Jahre

Ich sehe eine Mutter mit ihrem Kind in der Hand und auf den Haaren der Mutter sehe ich ein Muster. Das Bild finde ich eklig. Links oben an der Seite sehe ich eine Hand und Haare, als wäre das eine Frauen-Nacktparty. Und das ist eine Frauen-Nacktparty, weil andere Leute auch da sind.

Isabelly, 7 Jahre

Ich sehe eine Frau und ein Kind, dann noch bunte Kreise. Das Kind liegt im Arm der Mutter. Die Haare der Mutter sind gelb, und vom Kind braun. Hinter ihnen ist was Schwarzes. Unter ihnen (Isabelly meint oben links, Anm.) ist eine komische Hand.

Witold, 9 Jahre

Dieses Bild *Mutter mit Kind* gefällt mir überhaupt nicht, denn ich hasse Bilder mit zwei oder drei Personen zu sehen, denn meistens sind sie dann nackt (habe ich herausgefunden, z.B. Adam und Eva). Kinder sind auf Bildern auch oft nackt. Das Einzige, was mir am Bild gefällt, ist der Hintergrund. Ich habe mathematisch-symmetrisch herausgefunden, dass die Kreise (Kreisflächen) unsymmetrisch sind. Das beweist nun wieder, dass der Maler keinen Zirkel benutzt hat und dass ich gut in Mathe bin (denn 723+894=1667). Zurück zu dem Bild. Ich kapiere wirklich nicht, was die Blumen in den Haaren von der Frau zu suchen haben. Und der Kranz auf den Haaren sollte auch verschwinden. Außerdem ist das Bild unlogisch gemalt, denn das Kind hat schon lange Haare und so alt sieht es da nicht aus.

Carlotta, 10 Jahre

Ich sehe eine Mutter, die liegt auf einer bunten Bettdecke. Das Kind liegt auf ihr und wird von der schlafenden Mama umarmt. Oben links im Bild ist eine Hand, die in Haare greift. Ich sehe ganz viele Blumen und bunte Punkte. Mutter und Kind sind nackig. Das Kind ist ein Mädchen, weil es lange Wimpern hat.

Helena, 9 Jahre

In der Mitte sehe ich eine Frau und ein Kind. Die Frau hat blonde Haare. Auf den Haaren sind bunte Blumen. Die Frau schläft mit ihrem Kind. Beide sind nackt. Das Kind hat braune Haare. Das Kind hat ein Tuch unter dem Po. Links oben sehe ich eine Hand hinter langem, lockigem Haar.

5.5

Franz Marc, Zwei Pferde in der Schwemme

Paul, 10 Jahre

Ich sehe auf dem Bild zwei Pferde in einem See stehen. Die Pferde spiegeln sich im Wasser. Die Pferde sind braun und haben auf der Stirn einen weißen Punkt. Oben auf dem Bild sieht man ein bisschen Land, aber doch ist auf dem Bild mehr Wasser als Land. Man kann auf dem Bild erkennen, dass die Sonne langsam untergeht. Ich finde das Bild sehr schön. Es erinnert mich an den Urlaub in Island und an Winnetou. Wenn ich das Bild gemalt hätte, hätte ich es genauso gemalt. Mir gefallen an diesem Bild besonders die Pferde.

Mia, 9 Jahre

Franz Marc malte die Pferde ziemlich nah. Sie nehmen zwei Drittel ein. Die Farben sind erdig zwischen verschiedenen Grün- und Brauntönen. Die Pferde stehen mit ihren Hufen im Wasser. Beide sind braun und haben eine dunklere Mähne und einen Schweif. Ein Pferd dreht den Kopf zum Betrachter und man sieht eine weiße Blesse. Das andere Pferd guckt das Wasser an. Beide spiegeln sich undeutlich im Wasser.

Jamie, 9 Jahre

Ich sehe zwei Pferde, die in einem grün-braunen Wasser sind und sich angucken. Das Bild sieht schön aus. Hinter den Pferden sehe ich so eine Art von Panzerfarben. Ich finde das Bild schön, weil alle Farben zusammenpassen.

Helena, 9 Jahre

In der Mitte vom Bild sehe ich zwei Pferde, die stehen im See. Oben im Bild sehe ich einen grün-blauen Himmel. Unten im Bild sehe ich zwei Schatten im Bild. Im See sind gelbe Streifen. Die Pferde sind braun. Ein Pferd hat einen weißen Punkt auf der Stirn.

Isabelly, 7 Jahre

Ich sehe zwei Pferde im Wasser. Und sie schauen sich an. Unter ihnen sind zwei Spiegelbilder. Hinter ihnen ist Gras. Die Pferde sind ganz braun und die Mähnen und Schweife schwarz.

Cherity-Mae, 10 Jahre

Auf diesem Bild sehe ich zwei braune Pferde mit schwarzen Mähnen und schwarzem Schweif. Das rechte Pferd scheint das linke Pferd zu kratzen. Die beiden Pferde stehen bis zur Hälfte ihrer Beine im Wasser. Das Wasser ist grünlich und braun. Das linke Pferd schaut das rechte Pferd an. Der Hintergrund ist in einem dunklen Grün, in Braun und in Schwarz gemalt. Die Pferde sind etwas undeutlich gemalt. Ich finde das Bild friedlich und schön.

Carlotta, 10 Jahre

In der Mitte des Bildes stehen zwei braune Pferde, die sich anschauen. Das eine Pferd hat etwas Weißes auf der Stirn. Beide Pferde stehen im Wasser und spiegeln sich im Wasser. Außen herum ist es hellgrün. Neben den Pferden ist eine kleine Wiese.

Tim, 8 Jahre

Ich sehe auf dem Bild zwei Pferde, die in der Schwemme stehen. Sie sind braun und sie spiegeln sich im Wasser. Hinter dem Wasser wächst grünes Gras. Sie sind wahrscheinlich vom vielen Arbeiten sehr müde und freuen sich jetzt über die Pause. Sie wirken sehr stark und kräftig. Der Maler hat nur wenige Farben verwendet. Es sind die Farben Grün, Braun, Weiß, ein sehr mattes Hellgrün und Schwarz. Die Farben verschwimmen im matt-hellgrünen Wasser ein wenig. Das Wasser ist nicht blau, weil die Pferde darin herum laufen. Damit wirbeln sie den Untergrund auf.

Leah, 9 Jahre

Auf dem Bild sehe ich zwei Pferde im Wasser. Die Pferde laufen durch das Wasser und gucken sich gegenseitig an. Das rechte Pferd schaut auch mich an. Die Pferde spiegeln sich im Wasser. Das gefällt mir gut. Und das Wasser ist so grünlich. Im Hintergrund ist grünes Gras. Mir gefällt nicht so sehr, dass die Pferde so einen dicken Po haben und das Bild so verschwommen ist.

Witold, 9 Jahre

Das Bild *Zwei Pferde in der Schwemme* von Franz Marc gefällt mir irgendwie nicht. Ich meine, es macht mich irgendwie mädchenhaft. Das, was mir am Bild gefällt, sind der Rahmen und die Schatten. Was mir nicht so sehr gefällt, sind das grüne Wasser und die Pferde (also der Mittelpunkt). Auf dem Bild sieht man auch, dass der Maler viel Farbe verwendet hat. Wenn ich das Bild gemalt hätte, würde ich die Pferde in Weiß malen und das Wasser in blauen Farbtönen. Die Pferde, die sich im Wasser spiegeln, hätte ich in Schwarz wie Schatten gemalt. Außerdem wäre bei mir alles viel kleiner. Dann wäre bei mir auf der rechten Bildseite eine Mühle. Das Bild wirkt auf mich traurig und mädchenhaft. Das Bild erinnert mich an meinen toten Uropa, der viele Tiere hatte, und an den Niedergang Polens, aber ich weiß nicht genau, warum. Auf dem Bild sehe ich ja das Wasser. Und es stellt sich heraus, dass der Maler das Wasser bei den Pferden heller gemalt hat. Das Wasser, was so hell ist, erinnert mich an eine mathematisch-symmetrisch-geometrische Fläche, die wie ein halbiertes Ei aussieht. Ganz oben im Bild ist eine mathematisch-unsymmetrische Form, die so aussieht wie Gras.

6 Abschließende Betrachtung

Die Kinder nahmen die Rolle eines Forschers ein, der beobachten, entdecken, ausprobieren und ergründen will. Bereitwillig, offen und mit viel Begeisterung und Freude ließ sich jedes Kind während der Arbeitstreffen auf sämtliche Mal-, Bastel-, und Spielangebote ein. Die Erzieherin, die bei den Treffen dabei war, beobachtete, dass die Kinder mit sichtlichem Vergnügen teilnahmen, eigene Ideen einbrachten und darüber hinaus sehr kameradschaftlich miteinander umgingen. Sie sagte: *„Nach der ersten Stunde war klar, die Kinder haben Spaß, dabei zu sein. [...] Alle hatten [...] unglaublich viele Ideen. Alle Kinder haben in kleinen Gruppen gearbeitet und diese Arbeit hat auch wunderbar funktioniert. Sie haben richtig zusammengearbeitet, ohne Streit oder Konkurrenz. Jedes Kind hat seine Ideen und Vorschläge eingebracht und diese in die Tat umgesetzt."*

In den gemeinsamen Stunden herrschte eine ungezwungene und gleichwohl schaffensfreudige Atmosphäre. Im Gegensatz zum Schulalltag ging es hier nicht darum, für die eigene Leistung benotet zu werden. Vielmehr konnten die Kinder sich ungestört und eigenständig einer Aufgabe widmen. Sie konnten entscheiden, in welcher Weise sie sich an einem Arbeitsauftrag beteiligten. Das stärkte ihr Selbstvertrauen. Dazu nochmals die Erzieherin: *„Schon nach kurzer Zeit hat sich bemerkbar gemacht, dass Kinder, die sonst wenig Selbstvertrauen haben, die Arbeitsaufträge mit viel mehr Selbstvertrauen umgesetzt haben. Sie wirkten völlig entspannt, ohne eine Spur von Unsicherheit."*

Die Kinder schätzten es, mit anspruchsvollen Aufgaben betraut und herausgefordert zu werden. Die Arbeiten waren keinesfalls sinnloser Zeitvertreib. Ihr Tun empfanden die Kinder als beglückend – konnten sie doch ihr eigenes Wissen und ihre Fähigkeiten unter Beweis stellen. Sie nahmen jeden Arbeitsauftrag ernst und wollten ihn gewissenhaft erledigen. Das zeigte sich auch an der Tatsache, dass die Kinder gleich nach Aushändigung der Bilder mit ihrer Arbeit begannen und einige schon nach vier Wochen alle Bilder beschrieben hatten. Eine Mutter berichtet über ihren Sohn: *„Er wollte unbedingt schon anfangen. Er hat mir seine Gedanken zu zwei Bildern diktiert."*

Das vormals geplante „Arbeitspensum", die fünf Gemälde zu Hause zu beschreiben, reichte den Kindern bei weitem nicht aus. Daher wurden nach jedem Arbeitstreffen als Vorbereitung für das nächste Treffen zusätzliche Hausaufgaben erteilt. Zu Beginn jedes Treffens waren die Kinder ungeduldig und konnten es kaum erwarten, den anderen ihre Ergebnisse zu präsentieren. Über diese erweiterten Anforderungen hinaus hatte ein Junge sich zu Hause zwei weitere Gemälde besorgt, weil er die Bilder so schön fand und sie sich immer wieder anschauen wollte. Ein anderer Junge ließ sich von Cézannes *Sonnenuntergang in Douarnenez* inspirieren, selbst einen Sonnenuntergang zu malen und sieben weitere Bilder seines Lieblingsmalers freiwillig zu beschreiben. Dazu seine Mutter: *„Er hat die fünf aufgegebenen Bilder beschrieben und zusätzlich noch sieben eigene Bilder dazu genommen und bearbeitet. Er hat alles selbständig analysiert und handschriftlich verfasst. Er hat uns, den Eltern, seine Beschreibungen stolz präsentiert."*

Die Kinder sind an der Aufgabe, die Bilder zu beschreiben, gewachsen. Einige Eltern berichteten, dass sich ihre Kinder anfangs schwer getan hätten, das erste Bild zu beschreiben, es ihnen dann aber mit jedem weiteren Bild leichter gefallen sei und sie viel mehr Details entdeckt hätten als zu Beginn. Ihre Eindrücke und Wahrnehmungen aufgeschrieben haben sieben von zehn Kindern. Eine Mutter beobachtete bei ihrer Tochter: *„Die Bildbeschreibungen hat sie weitestgehend alleine aufgeschrieben. Bevor sie mit der Beschreibung angefangen hat, hat sie mit mir zusammen das jeweilige Bild angeschaut und mir ihre Wahrnehmungen geschildert. Wir haben über das eine oder andere Detail diskutiert und dann hat sie auch schon direkt mit dem Schreiben losgelegt. Das Schreiben selbst war ein Prozess, weil ihr währenddessen immer noch weitere Details aufgefallen sind, die uns vorher nicht präsent waren. Die einzige Unterstützung, die ich ihr geben durfte, war Hilfe bei einigen Formulierungen, um das, was sie sagen wollte, etwas treffender auszudrücken."*

Drei Kinder diktierten ihre Beobachtungen einem Elternteil. Eine Mutter beschrieb die Vorgehensweise ihres Sohnes: *„Er hat sich zunächst einmal das Bild ganz still betrachtet. Ab und an wollte er auch etwas mehr Abstand zum Bild und ich musste es ihm entsprechend weg halten. Er hat mir seine Gedanken diktiert. Häufig bat er mich darum, den letzten Satz zu wiederholen. Manchmal hat er ihn dann noch einmal umgestellt. Die Formulierungen oder die Reihenfolge, in der er Elemente aus dem Bild beschrieben hat, hat er komplett ohne meine Mithilfe gewählt. Wir haben uns kaum während der Bildbeschreibungen ausgetauscht. Er bat um Ruhe."*

Sehr wertvoll für das Gelingen des Projektes war die Unterstützung durch die Eltern, die ihre Kinder immer wieder ermutigten, alle Eindrücke und Empfindungen in eigene Worte zu fassen. Einige Rückmeldungen spiegeln wider, wie sehr die Eltern das Vermögen ihrer Kinder bewunderten, sich so interessiert und aufmerksam einem Bild zuzuwenden. Die Beschäftigung der Kinder mit den Gemälden regte wiederum die Eltern an, sich die Bilder eingehender zu betrachten. Bemerkenswert ist, dass die Jungen und Mädchen bei ihren Beschreibungen andere Schwerpunkte setzten, als die Eltern es an ihrer Stelle getan hätten. Mehrere Eltern waren überrascht, dass die Kinder den Blick auf Details richteten, die den Erwachsenen entweder nicht beachtenswert erschienen oder gar nicht aufgefallen waren:

- *„Ich war erstaunt, welche Schwerpunkte er bei den Bildern gesetzt hat und wie er manches gesehen hat, ganz anders, als ich das sehen oder beschreiben würde, aber ich habe alles genauso aufgeschrieben, wie er mir das gesagt hat und ich habe nichts verändert."*
- *„Seine Aufmerksamkeit auf kleine Details oder Themen auf den Bildern war bemerkenswert, z. B. hat er kleinste Gegenstände beobachtet oder die Figuren und Bäume gezählt."*
- *„Während der Beschreibungen habe ich festgestellt, dass Kinder wahrscheinlich einen anderen Fokus haben als Erwachsene: es wurden Dinge gesehen, die mir nie aufgefallen wären. Es waren auch Dinge relevant, die ich nicht beachtet hätte. In der Gesamtinterpretation des jeweiligen Bildes gab es dagegen wenig Unterschiede."*

Biographisches
Sonja Schmitz

1967 geboren. Nach der Ausbildung zur Bankkauffrau arbeitete sie in unterschiedlichen Finanzinstituten als Kundenberaterin, Gruppenleiterin, Geschäftsstellenleiterin und Vermögensberaterin. Im Jahre 1998 absolvierte sie eine Trainer- und zwei Jahre später eine Beraterausbildung. In kurzen Abständen folgten Ausbildungen zur Holistischen Beraterin, Meditationslehrerin und Lehrerin für Holistische Beratung.

Seit 2002 ist sie als selbständige Trainerin für Rhetorik, Effektive Sprache, Präsentation und Telefonmarketing tätig. Nach der Geburt ihrer zwei Töchter in den Jahren 2006 und 2008 qualifizierte sie sich zur Sprachförderlehrerin des Landes Rheinland-Pfalz und leitet seitdem auch Sprachförderkurse in Kindertagesstätten.

Ihr Vortrag der im Rahmen der Lenz-Stiftung geförderten Bildungsreihe *KulturForumWissen 2011* über *Olympe de Gouges – Um die Rechte der Frau* ist im Editionsband 26 (ISBN-978-3-938088-29-6) nachzulesen. Der gemeinsam mit ihrem Mann und ihrer ältesten Tochter gehaltene Vortrag über Till Eulenspiegel und Münchhausen ist im Editionsband *38 KulturForumWissen 2014* (ISBN-978-3-938088-41-8) veröffentlicht.

EINE STIFTUNG zur Erneuerung geistiger Werte

Die Dr.-Ing.-Hans-Joachim-Lenz-Stiftung wurde 2002 als rechtsfähige öffentliche Stiftung des bürgerlichen Rechts mit Sitz in Mainz gegründet. Sie verfolgt ausschließlich und unmittelbar gemeinnützige Zwecke.

Im Wege der finanziellen Unterstützung fördert sie innovative und modellhafte Projekte auf den Gebieten der Bildung und Erziehung mit dem Ziel der Erneuerung geistiger Werte. Als Impulsgeber und Motor für dauerhafte und nachhaltige Konzepte konzentriert sie sich auf die junge Generation. Jugendliche für das Leben zu befähigen, an Werte des Geistes, an Würde, Freiheit und Toleranz zu erinnern, ist ihre höchste Aufgabe. Sie will Menschen begleiten vom Kindesalter bis zur Berufsreife, ohne soziale, politische, religiöse Unterscheidung im Sinne des Grundgesetzes. Die Themen der Stiftung sind:

Bildung

Hebung des kulturellen Niveaus
Erweiterung des allgemeinen Wissens
Zusammenführung von Geistes- und Naturwissenschaften
Persönlichkeitsentfaltung
Erneuerung eines humanistischen Menschenbildes

Erziehung

Entwicklung und Erprobung neuer Lehr- und Lernmethoden durch
- Spielendes Lernen
- Lernen durch Vorbild
- Wissenserwerb statt Wissensvermittlung

Sprache

Erhaltung und Stärkung der deutschen Sprache
Erweiterung und Pflege des Wortschatzes
Sprachliche Ausdrucksformen in Literatur und Poesie
Persönlichkeitsentfaltung durch Sprache, denn:

Mit unserer Sprache sind wir ein Leben lang unterwegs.

Die Förderung von Projekten im Sinne der Stiftungsziele wird aus Spendenmitteln finanziert. Die Akzeptanz der Stiftungsziele und des Förderprogramms drücken Spender mit ihren finanziellen Beiträgen aus. Wir freuen uns über jede Zuwendung:

Mainzer Volksbank IBAN DE29 5519 0000 0004 0040 40, BIC MVBMDE55

DR.-ING.-HANS-JOACHIM-LENZ-STIFTUNG
STIFTUNG ZUR ERNEUERUNG GEISTIGER WERTE

Am Michelsberg 1, D-55131 Mainz, Tel. 06131-832255, Fax 06131-85534
E-Mail: info@lenz-stiftung-mainz.de, www.lenz-stiftung-mainz.de

EDITION

ERNEUERUNG GEISTIGER WERTE

Dr.-Ing.-Hans-Joachim-Lenz-Stiftung

In der Edition werden Forschungsergebnisse und Modellprojekte aus dem Förderprogramm der Dr.-Ing.-Hans-Joachim-Lenz-Stiftung im Sinne der Nachhaltigkeit und Gemeinnützigkeit publiziert.

Band 1 - Die heilige Stadt
Eine Vision am Beispiel der Stadt Mainz
von Hans-Joachim Lenz,
56 Seiten, broschiert, € 8,80
ISBN 978-3-938088-00-5

Band 2 - Am Anfang waren die Werte
Plädoyer für eine Neuorientierung in der Erziehung von Kindern und Jugendlichen
von Gabriela Wolf
132 Seiten, broschiert, € 13,80
ISBN 978-3-938088-01-2

Band 3 - Leben ist Spiel
Eine Ferienwoche als Lebensschule
von Gabriela Wolf mit Christine Bredenhöller, Andrea Heck, Angelika Humann, Margit Kluge, Reinhild Michel, Sonja Wagener, Heidi Wiehr, reich bebildert.
192 Seiten, broschiert, € 25,00
ISBN 978-3-938088-02-9

Band 5 - Freunde fürs Leben
Die Körperwelt im Spiel erkunden
Hrsg. Andreas Krause mit
A. Heck, A. Humann, G. Wolf
180 Seiten, broschiert, € 15,80
ISBN 978-3-938088-05-0

Band 7 - Das vergessene Wort I
Vom Reichtum der deutschen Sprache
am Ludwig-Georgs-Gymnasium, Darmstadt, und
am Dietrich-Bonhoeffer-Gymnasium, Weinheim,
mit der Arbeitsgruppe Oppenheim
von Katrin Bibiella
291 Seiten, broschiert, € 24,80
ISBN-978-3-938088-07-4

Band 10 - Ehrfurcht vor dem Leben
Albert Schweitzer zur Erneuerung der Kultur
von Claudia Burghart
140 Seiten, broschiert, € 12,80
ISBN 978-3-938088-12-8

Band 11A - Jugend lehrt Jugend
Ein pädagogisches Modellprojekt in Bad Kreuznach
von Sonja Wagener
Teil I: 101 S., brosch.,€ 8,80
ISBN 978-3-938088-11-1
Teil II: 113 S., brosch.,€ 9,80
ISBN 978-3-938088-13-5
Teil III: 99 S., brosch.,€ 8,80
ISBN 978-3-938088-20-3

Band 11B - Jugend lehrt Jugend
Ein pädagogisches Modellprojekt in Overath
von Petra Ehrler
Teil I: 105 S., brosch.,€ 9,20
ISBN 978-3-938088-10-4
Teil II: 167 S., brosch.,€14,20
ISBN 978-3-938088-14-2
Teil III: 115 S., brosch.,€ 9,80
ISBN 978-3-938088-23-4

Band 12 - Das vergessene Wort II
Vom Reichtum der deutschen Sprache
am Friedrich-Schiller-Gymnasium, Weimar und
am Friedrich-Hölderlin-Gymnasium, Heidelberg
von Katrin Bibiella
166 Seiten, broschiert, € 14,20
ISBN 978-3-938088-08-1

Band 13 - De Dignitate Hominis
Zum Menschenbild in der Geschichte der Pädagogik
von Gabriela Wolf
160 Seiten, broschiert, € 13,80
ISBN 978-3-938088-09-8

Band 14 - Handeln als gelebter Wert
Aus Hannah Arendts Leben und Werk
von Patricia Rehm
146 Seiten, broschiert, € 12,80
ISBN 978-3-938088-15-9

Band 15 - KulturForumWissen 2007
„Wir sind auf dem Weg."
Ein Menschenbild zwischen Geist und Materie
von Hans-Joachim Lenz
52 Seiten, broschiert, € 5,80
ISBN 978-3-938088-16-6

Band 16 - Das vergessene Wort III
Vom Reichtum der deutschen Sprache
am Kronberg-Gymnasium, Aschaffenburg
von Katrin Bibiella
103 Seiten, broschiert, € 9,20
ISBN 978-3-938088-17-3

Band 18 - Das Tagebuch
Ein Medium zur Selbstreflexion
von Sabine Gruber
122 Seiten, broschiert, € 10,80
ISBN 978-3-938088-19-7

Band 19 - Leben ist Spiel II
Eine Ferienwoche als Lebensschule in Overath
von Petra Ehrler u. a., reich bebildert
158 Seiten, broschiert, € 14,90
ISBN 978-3-938088-21-0

Band 20 - KulturForumWissen 2008
Vergessene Werte – Von den Wurzeln der Kultur
239 Seiten, broschiert, € 22,90
ISBN 978-3-938088-22-7

Band 21 - KulturForumWissen 2009
Liebe – das All-Eine
173 Seiten, broschiert, € 16,80
ISBN 978-3-938088-24-1

Band 22 - Das vergessene Wort IV
Vom Reichtum der deutschen Sprache
am Elisabeth-Gymnasium, Marburg, und
an der Freien Waldorfschule, Marburg
von Katrin Bibiella mit Angelika Humann
127 Seiten, broschiert, € 11,80
ISBN 978-3-938088-25-8

Band 23 - Das Hohelied vom Menschen
Eugen Finks Deutung der menschlichen Existenz
von Angelika Humann
85 Seiten, broschiert, € 8,80
ISBN 978-3-938088-26-5

Band 24 - KulturForumWissen 2010
Menschen, die die Welt bewegten
167 Seiten, broschiert, € 16,80
ISBN 978-3-938088-27-2

Band 25 - Musikalischer Spielraum
Frühbildung mit Wort, Klang und Bewegung
von Melanie Ries und Petra Ehrler
76 Seiten, broschiert, € 12,90
ISBN 978-3-938088-28-9

Band 26 - KulturForumWissen 2011
Menschen, die die Welt bewegten
181 Seiten, broschiert, € 18,80
ISBN 978-3-938088-29-6

Band 27 - Das vergessene Wort V
Vom Reichtum der deutschen Sprache
am Kaiserin-Friedrich-Gymnasium, Bad Homburg
von Katrin Bibiella mit Angelika Humann
142 Seiten, broschiert, € 14,90
ISBN 978-3-938088-30-2

Band 28 - Des Wortes sanfte Macht
Salongespräche
von Ariane Martin
122 Seiten, broschiert, € 13,80
ISBN 978-3-938088-31-9

Band 29 - Das vergessene Wort VI
Vom Reichtum der deutschen Sprache
am Pädagogium Bad Sachsa
von Katrin Bibiella
98 Seiten, broschiert, € 11,90
ISBN 978-3-938088-32-6

Band 30 - Das vergessene Wort VII
Vom Reichtum der deutschen Sprache
am Ratsgymnasium Minden
von Angelika Humann
105 Seiten, broschiert, € 10,90
ISBN 978-3-938088-33-3

Band 31 - KulturForumWissen 2012
Soziale Modelle – Poesie des Lebens?
187 Seiten, broschiert, € 19,90
ISBN 978-3-938088-34-0

Band 32 - Briefe – Zeugnisse deutscher Sprachkultur
Von den Anfängen bis zur Gegenwart
von Katrin Bibiella
171 Seiten, broschiert, € 19,90
ISBN 978-3-938088-35-7

Band 33 - KulturForumWissen 2013
Menschen, die den Weg ins Ungewisse wagten
180 Seiten, broschiert, € 21,90
ISBN-13 978-3-938088-36-4

Band 34 - Mutter oder Göttin
Frühzeitliche Kultur im Osten Europas
von Jaqueline Mischer
175 Seiten, broschiert, € 17,90,
ISBN 978-3-938088-37-1

Band 35 - Das vergessene Wort in Heilbronn
Vom Reichtum der deutschen Sprache
am Robert-Mayer-Gymnasium Heilbronn
von Angelika Humann
115 Seiten, broschiert, € 12,90
ISBN 978-3-938088-38-8

Band 36 - Der Gral bei Wolfram von Eschenbach und Richard Wagner
Metamorphosen eines Motivs
von Liliana Emilia Dumitriu
244 Seiten, broschiert € 22,80
ISBN 978-3-938088-39-5

Band 37 - Das vergessene Wort in Würzburg
Vom Reichtum der deutschen Sprache
von Angelika Humann
112 Seiten, broschiert € 12,90
ISBN 978-3-938088-40-1

Band 38 - KulturForumWissen 2014
Die großen Komödianten
176 Seiten, broschiert € 18,90
ISBN 978-3-938088-41-8

Band 39 - Das vergessene Wort in Hanau
Vom Reichtum der deutschen Sprache
von Angelika Humann
108 Seiten, broschiert, € 10,90
ISBN 978-3-938088-42-5

Band 40 - KulturForumWissen 2015
Menschen, die die Welt beherrschen wollten
– eine kritische Betrachtung
156 Seiten, broschiert € 18,90
ISBN 978-3-938088-43-2

Band 41 - Das vergessene Wort in Heilbronn II
Vom Reichtum der deutschen Sprache
von Angelika Humann
100 Seiten, broschiert, € 10,90
ISBN 978-3-938088-44-9

Weitere Projekte siehe:
www.lenz-stiftung-mainz.de